DEUX BIENFAITEURS

DES

LANDES DE GASCOGNE

L'ABBÉ DESBIEY ET BRÉMONTIER

PAR

L'ABBÉ X. MOULS

CURÉ D'ARCACHON, CHEVALIER DE LA LÉGION-D'HONNEUR

Membre de plusieurs sociétés savantes

BORDEAUX
IMPRIMERIE TYPOGRAPHIQUE DE J. DELMAS
Rue Sainte-Catherine, 139.

1866

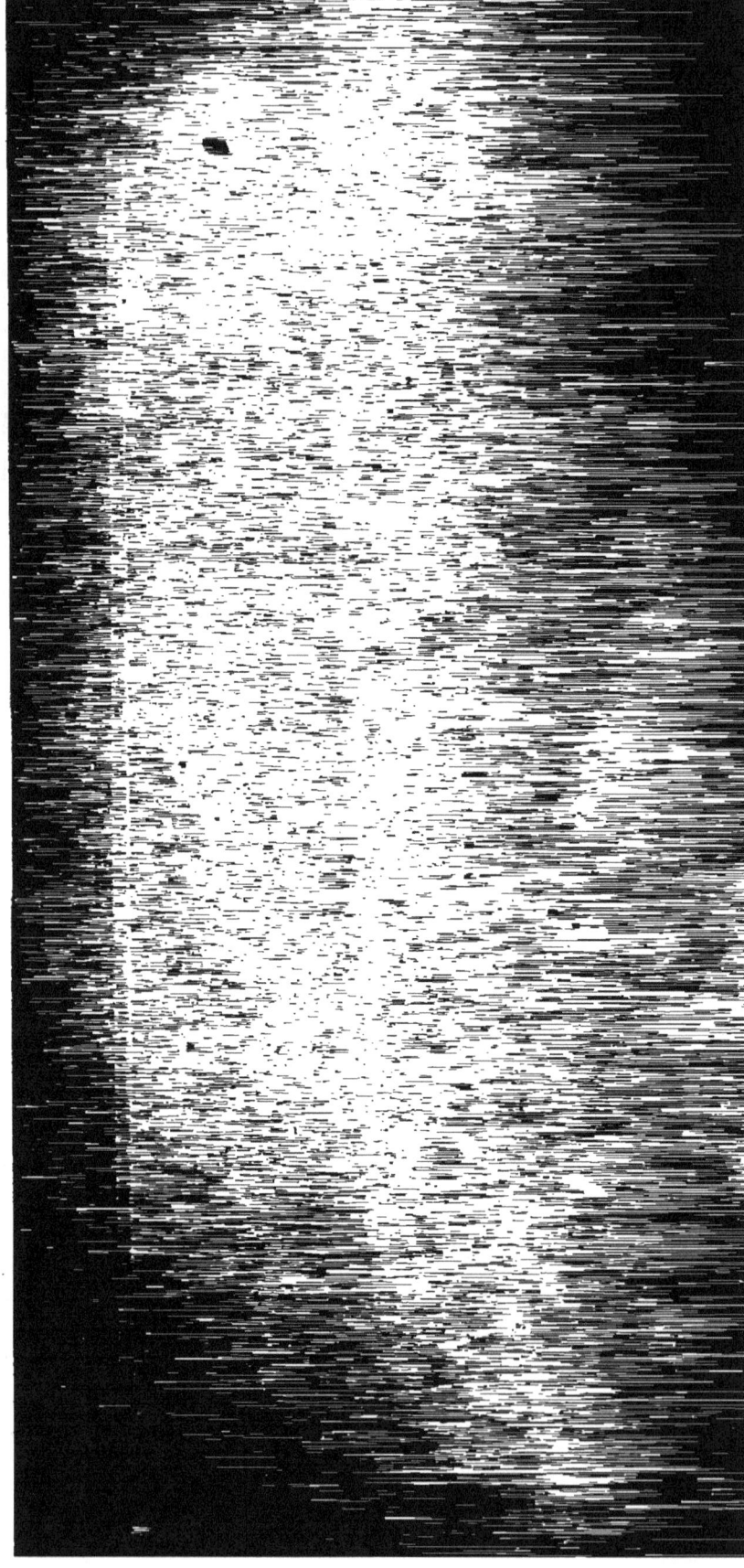

DEUX BIENFAITEURS
DES
LANDES DE GASCOGNE

L'ABBÉ DESBIEY ET BRÉMONTIER

PAR

L'ABBÉ X. MOULS

CURÉ D'ARCACHON, CHEVALIER DE LA LÉGION-D'HONNEUR

Membre de plusieurs sociétés savantes

BORDEAUX

IMPRIMERIE TYPOGRAPHIQUE DE J. DELMAS

Rue Sainte-Catherine, 139.

1866

A SON ÉMINENCE LE CARDINAL DONNET

ARCHEVÊQUE DE BORDEAUX

PRIMAT D'AQUITAINE, SÉNATEUR, ETC.

MONSEIGNEUR.

La mémoire de l'illustre Brémontier, fondateur des semis des dunes du golfe de Gascogne, ne devrait pas laisser dans un profond oubli celle de l'abbé Desbiey, dont les savants écrits, appuyés sur une expérience personnelle, servirent de guide à Brémontier. Et pourtant, voilà l'injustice généralement commise de nos jours à l'égard de l'abbé Desbiey, qui, originaire de ce pays, fut chanoine de Saint-André et secrétaire perpétuel de l'Académie de Bordeaux.

Voulant y mettre un terme, Votre Éminence a daigné m'inviter, au nom de la religion, à faire connaître la vérité sur ce point important de l'histoire contemporaine de cette province.

J'ai l'honneur de déposer humblement aux pieds de Votre Éminence le fruit de mes recherches, avec ce titre :

Deux Bienfaiteurs des landes de Gascogne : l'abbé Desbiey et Brémontier.

Deux noms glorieux qui doivent aller ensemble à la postérité.

J'aurais dû en ajouter un troisième : celui de Votre Éminence. Depuis trente ans que la Providence vous a placé à la tête du diocèse de Bordeaux, Monseigneur, que n'avez-vous pas fait pour la contrée des Landes? Que de paroisses créées et pourvues de prêtres? Que d'églises et de presbytères bâtis ou restaurés! Quelle est l'entreprise favorable aux landes que Votre Éminence n'ait pas encouragée et comblée de bénédictions! La ville d'Arcachon, née comme par enchantement au milieu des dunes, sous votre administration, est heureuse de vous mettre au premier rang de ses bienfaiteurs. Si de ce théâtre de vos bienfaits je me transporte à l'embouchure de la Gironde, sur les rivages de l'Océan, Notre-Dame de la Fin-des-Terres, ensevelie dans les sables depuis des siècles, arrachée, de nos jours, comme par miracle, grâce à Votre Éminence, au tombeau qui la couvrait, et rendue aux cérémonies du culte, reconnaît en vous, Monseigneur, un grand bienfaiteur des dunes.

Daignez donc me permettre de placer sous votre haut patronage cet opuscule, écrit dans le but de rendre hommage à la religion et à la vérité, en vengeant la mémoire de l'abbé Desbiey.

J'ai l'honneur d'être, avec un profond respect,

de Votre Éminence

le très-humble et très-obéissant serviteur,

X. MOULS.

DEUX BIENFAITEURS

DES

LANDES DE GASCOGNE

L'ABBÉ DESBIEY ET BRÉMONTIER

I

La gloire de la fixation et de la fertilisation de nos dunes appartient-elle à Brémontier uniquement? On le pense généralement, on le dit tout haut, on l'écrit, on l'imprime. Eh bien! c'est une erreur, et nous nous proposons de le démontrer.

Loin de nous la pensée de ravir à Brémontier l'honneur qui lui revient : il a bien mérité de l'humanité. Mais il est un nom qu'on laisse trop facilement dans l'oubli et qui ne devrait jamais être séparé de celui de Brémontier : c'est le nom de Desbiey.

Desbiey, Brémontier, voilà les deux grands bienfaiteurs des dunes.

De l'embouchure de la Gironde, à celle de l'Adour, des montagnes de sables, connues sous le nom de *dunes,* couvraient, depuis des siècles, une superficie d'environ cent vingt mille hectares. Cette *immense surface,* comparable à celle d'une mer en fureur dont les flots élevés seraient subitement fixés dans le fort d'une tempête, offrait aux yeux une blancheur qui les blessait, une perspective monotone, un terrain montueux, des sables arides, et enfin un désert effrayant.

Soulevée par les vents, cette masse énorme marchait, marchait toujours de l'Océan vers les terres, et ensevelissait des champs cultivés ; les habitations, les monuments, les villages, les cités entières, tout ce qui se trouvait sur son passage, rien n'était respecté.

En moins d'un siècle, ces montagnes mobiles ont été immobilisées, ces sables arides sont devenus féconds, une riche et splendide forêt de pins résineux, toujours verts, protége et couronne les dunes, grâce au génie bienfaisant de Desbiey et de Brémontier.

Le premier a le mérite de l'invention, le second celui de l'application ; l'un a trouvé le merveilleux secret de fixer et de fertiliser nos dunes ; l'autre a su le mettre en pratique ; l'un a posé le problème *dans toute son étendue* et l'a résolu dans deux discours remarquables ; l'autre l'a *pleinement exécuté*. Sans le zèle infatigable, sans la persévérance à toute épreuve, sans l'influence justement acquise de Brémontier, la vaste entreprise de l'ensemencement des dunes n'aurait peut-être jamais été tentée et poursuivie avec une ardeur sans égale par le Gouvernement. Mais il ne faut pas oublier (nous le démontrerons), qu'étranger au pays, Brémontier avait puisé ses idées, ses convictions, dans les savants écrits de Desbiey.

En conséquence, il n'est pas permis de séparer les noms de ces deux personnages. Toujours unis, ils doivent aller ensemble à la postérité. Voilà les deux plus grands bienfaiteurs des Landes de Gascogne.

Toutefois, rendons hommage aux générations qui les ont précédés. Longtemps avant eux, les habitants de ces contrées avaient connu et pratiqué l'ensemencement des dunes ; témoin les deux magnifiques forêts plusieurs fois séculaires de La Teste et d'Arcachon ; témoin ces nombreux débris de bois que les érosions de l'Océan mettent à nu dans le golfe de Gascogne, particulièrement dans la baie d'Arcachon, à la pointe du Sud, où l'on rencontre, presque réduits à l'état fossile, des troncs d'arbres énormes, recouverts par les sables sur les dunes primitives. C'étaient autrefois des semis.

Leur origine se perd dans la nuit des temps. Ils sont antérieurs à la domination anglaise, peut-être à l'invasion des Normands, dont les barques pouvaient, en 848, accoster sans péril le Médoc ; peut-être même à la domination romaine, à cette époque où notre littoral voyait ancrer, sur ses rives fortunées, des navires qui venaient échanger les richesses des autres pays contre les produits de cette contrée ; dans tous ces ports disparus, dans ces villes mortes, dévorées par la mer et par les sables, à ce *Noviomagus* de Ptolémée, ou *Dumnatonum* d'Ausone, d'où le Médule ou Médocain *Théon*, heureux commerçant, mauvais poëte, envoyait à son spirituel ami des vers et des oranges :

Aurea mala, Theon, sed plumbea carmina mittis.

Il est probable que l'invasion des Barbares, en plongeant ce pays dans la désolation, fit négliger les semis dont les procédés ingénieux finirent par se perdre, durant plusieurs siècles.

Plus tard, quelques habitants, et surtout les captaux de Buch, notamment Amanieu et Ruat, travaillèrent à l'ensemencement des dunes. Mais ces essais, purement individuels, opérés sur une échelle beaucoup trop restreinte, n'avaient rien de sérieux ; ils étaient sans importance : c'étaient des avortons.

Aux grands maux les grands remèdes. Pour conjurer le mal, il aurait fallu poser la question d'un ensemencement général des dunes.

II

ABBÉ DESBIEY.

Honneur à Desbiey ! Le premier, il a posé cette immense question. Dans un discours remarquable, lu en présence de l'Académie de Bordeaux, le 25 août 1774, le premier, il a résolu théoriquement, et dans toute son étendue, le grand problème de l'ensemencement général des dunes.

L'abbé Louis-Matthieu Desbiey, né à Saint-Julien en Born (Landes), vers l'an 1732, membre de l'Académie de Bordeaux en 1776, secrétaire perpétuel de cette Académie, en 1778, mourut à Bordeaux, le 14 novembre 1817, chanoine de Saint-André et bibliothécaire du collége de la Madeleine.

Dès la plus tendre enfance, il révéla sa vocation au sacerdoce : profondément chrétiens, ses parents secondèrent ses heureuses dispositions; il se fit prêtre. Passionné pour l'étude, celle de la théologie eut naturellement ses préférences; et nous tenons de source certaine qu'il se distingua parmi ses condisciples, particulièrement dans son cours de théologie. Doué d'un esprit facile, pénétrant et surtout observateur, sans se borner uniquement à l'étude de la religion, il se jeta avec ardeur dans celle de la nature, dont il voulut connaître les trois règnes. Le règne minéral fixa tout spécialement son attention, comme le démontre une lettre insérée dans les manuscrits de la Bibliothèque de Bordeaux, et dans laquelle il fait la description d'un certain nombre de minéraux recueillis par ses soins, et adressés à l'Académie de la capitale de la Guienne.

Il appliqua les forces vives de son intelligence à l'étude des dunes, de leur nature, de leur origine, de leur formation, de leur étendue, de leurs progrès, de leurs ravages, des moyens de les arrêter et de les ensemencer, questions de la plus haute importance pour lui, pour sa famille, pour son pays natal, pour la société tout entière.

Les loisirs que lui laissa son ministère furent consacrés à l'examen approfondi de toutes ces questions. Il eut le bonheur de les résoudre, comme le démontrent ses écrits.

Ces dunes n'étaient qu'un grand amas de sables quartzeux, semblables à une multitude de perles plus ou moins rondes, offrant le brillant et la transparence du quartz-hyalin. Ce quartz avait été un roc; ce roc n'était plus qu'un grain, assez gros pour n'être pas enlevé comme la poussière, mais assez petit pour céder à l'action des vents. Les frottements, les chocs multipliés qu'avaient dû éprouver ces fragments d'une des roches les plus dures du globe, avaient été tels que pas un de ces grains de sable ne rappelait la forme de cristallisation du quartz. Que de siècles, que de révolutions n'était-il pas nécessaire d'admettre pour expliquer l'état actuel des sables des dunes! quel travail dans les mers, sur les terres, au sommet des montagnes, pour opérer cette immense transformation!

Mais quelle était l'origine des dunes elles-mêmes?

A quelle époque précise avaient-elles commencé de se former?

D'après les recherches de Desbiey, elles devaient compter environ quatre mille ans d'existence, et remontaient au déluge. Immédiatement après ce grand cataclysme, elles prirent naissance; de siècle en siècle elles se développèrent. Le travail incessant de la mer et des vents accumula sur ces rivages une chaîne plus ou moins régulière de montagnes de sables, longue de deux cent quarante kilomètres, entre l'embouchure de la Gironde et celle de l'Adour, large d'environ six ou huit kilomètres, et capable de s'élever à une hauteur de cent mètres au-dessus du niveau de la mer.

Ces dunes étaient plus ou moins élevées, plus ou moins avancées dans les terres, suivant les circonstances qui avaient concouru à leur formation, qui en avaient retardé ou accéléré la marche, telles que la violence et la direction des vents, la pente plus ou moins rapide du lit de l'Océan, et les différents obstacles qu'elles avaient pu rencontrer.

Changeantes comme la cause qui les avait produites, tantôt solitaires, tantôt contiguës, tantôt jetées les unes sur les autres, ou divisées en chaînes que séparaient d'étroits vallons appelés *lètes*, elles ne restèrent pas toujours dans le même état : elles étaient le jouet des vents.

Les vents d'ouest, se trouvant les plus impétueux et les plus fréquents, ces montagnes mouvantes s'avançaient vers les terres comme une armée rangée en bataille et menaçaient de tout engloutir impitoyablement. Parfois un ouragan transportait subitement, à plusieurs mètres de distance, des dunes entières. Mais, en temps ordinaire, la masse générale de ces sables s'avançait de dix toises par an vers les terres, obstruait les canaux par lesquels les eaux se rendaient à la mer. Privées de débouché, les eaux refluaient vers les plaines, inondaient et désolaient les campagnes. De là ces nombreux marais, ces étangs qui occupaient un vaste terrain derrière les dunes, depuis la pointe de Grave jusqu'à l'Adour.

Les lacs de Lacanau et de Cazeaux étaient de véritables ports de mer. Celui de Lacanau communiquait avec l'Océan par un canal encore appelé le *chenal d'Anchise*, expression qui laisserait supposer une émigration des peuples de l'Orient sur le littoral du golfe de Gascogne.

L'étang de Cazeaux avait aussi une embouchure vers la mer, et le chenal très-profond qui est au pied des dunes, du côté de l'Océan, porte encore le nom de Port de *Maubrug*.

Les issues s'étant fermées successivement par l'action des sables, il resta un immense volume d'eau sans écoulement. Alimentés par les eaux pluviales et par des ruisseaux, ces lacs devinrent peu à peu moins salés, et cessèrent absolument de l'être lorsque les dunes les eurent complétement séparés de la mer, et lorsque le travail incessant des sables eut exhaussé le niveau des étangs.

Telles furent les observations de l'abbé Desbiey, relativement à la nature, à l'origine, à la formation, aux progrès et aux ravages des dunes.

Pendant qu'il se livrait à ces études, son bien patrimonial de Saint-Julien était menacé par une montagne de sables.

Comment arrêter ce fléau, qui avait accumulé tant de ruines dans le passé, semait l'épouvante dans le présent, et était gros de menaces pour l'avenir? Où trouver un remède à un mal qu'on croyait sans remède?

Comment arrêter ces montagnes? Par des digues ou des jetées? Mais où trouver une assiette, un fondement?

Serait-ce en consolidant les sables, en les dérobant à l'action des vents par une active végétation? Mais comment fixer la végétation elle-même? Comment attacher des racines dans des sables sans cesse agités?

D'ailleurs, comment favoriser la végétation dans des débris de quartz n'offrant en apparence aucune terre propre à la culture?

Ici se révèle l'esprit éminemment observateur de Desbiey.

Il constate d'abord qu'à quelques centimètres de profondeur, on rencontre toujours une certaine humidité, qui augmente de densité en raison de l'élévation; que, par conséquent, le sommet des monticules est plus compacte que les sables de leurs bases.

Plusieurs causes, aussi simples que naturelles, doivent concourir, selon lui, à entretenir une fraîcheur permanente dans les sables, si arides à la surface : on sait que l'air est le plus souvent surchargé de molécules d'eau pendant la nuit, et même quelquefois pendant les jours les plus beaux. N'a-t-on pas vu, dans l'automne et le printemps, par des vents de sud-ouest assez chauds, avec un ciel sans nuages, les pavés, les graviers aussi mouillés que s'il était tombé une légère pluie?

Ces faits prouvent que partout où il y a de l'humidité disséminée dans l'air, ces molécules surabondantes se déposent sur tous les corps durs et lisses, conséquemment peu poreux, tels que les marbres, les glaces; qu'elles s'y accumulent de manière à couler et à tomber en gouttes sur la terre.

Or, ces deux causes se réunissent dans les dunes de Gascogne.

Leurs sables, presque tous quartzeux, sont d'une finesse extrême; sans cesse roulés par les flots et par les vents, ce ne sont plus que de petites sphères polies, qui ne se touchent que par un point; elles laissent entre elles des vides où l'air et l'humidité les enveloppent. L'humidité est encore fixée par les parties salines que déposent l'air et l'eau, toujours chargés de sel sur les bords de l'Océan.

D'ailleurs, les sables quartzeux de la superficie, tantôt opaques et tantôt diaphanes, réfléchissent ou réfractent la chaleur et la lumière.

Ces deux grands agents de la végétation, la chaleur et l'humidité, auxquels il faut ajouter la présence de sels marins, une fois constatés, Desbiey n'eut aucun doute sur la possibilité de consolider les dunes à l'aide d'arbustes, d'arbrisseaux et même de grands arbres, tels que les chênes et les pins.

Il ne s'agissait plus que de favoriser cette végétation en immobilisant les sables, afin de les dérober à l'action des vents, assez de temps pour permettre aux racines de pousser dans les sables, et aux tiges de s'élever impunément au-dessus du sol. *Le gros de la difficulté était là.*

Jusqu'à Desbiey, on avait fait des essais ; mais personne n'avait mis en pratique *un mode certain* d'ensemencement et de végétation. L'abbé Desbiey a eu la gloire de résoudre ce grand problème sur ses propres domaines, en 1769.

Après avoir semé des graines de pins, de genêts et d'ajoncs, il étendit tout simplement sur le sol des branches d'arbres, qu'il fixa au moyen d'un crochet de bois enfoncé dans les sables. Les graines semées sous cette couverture germèrent bientôt. Celles d'ajonc *(ulex europeus)* et de genêt *(spartium scoparium)* surmontèrent rapidement, par leur végétation vigoureuse et toujours verdoyante, celle des pins; et cependant leur voisinage, au lieu d'être funeste aux pins, leur donna un abri salutaire. Bientôt les pins eurent le dessus et dominèrent complètement leurs voisins. Une riche végétation couvrit en quelques années des sables qu'on avait toujours regardés comme condamnés à une éternelle aridité. Le succès était complet. Malheureusement, les naturels du pays laissèrent brouter ces semis par les bestiaux. Mais, désormais, le problème de la fixation et de la fertilisation des dunes était résolu pour Desbiey, *en pratique aussi bien qu'en théorie.*

Il ne lui manquait plus que la publicité. Desbiey se mit à l'œuvre, et, quelques années plus tard, le 25 août 1774, il lisait, en présence de l'Académie de Bordeaux, un long mémoire *sur la fixation des dunes par les semis de pins.*

On s'occupait alors beaucoup en France du défrichement des terres incultes, de l'amélioration des landes : ce mémoire, comme celui que l'abbé publia en 1776 sous le nom de son frère, et qui remporta le prix de l'Académie de Bordeaux, produisit aussitôt une sensation profonde au sein de l'Académie, dans tout le monde savant et économiste. On se mit sérieusement à l'étude du phénomène de la fertilisation d'un sable que des préjugés faisaient regarder comme voué à une stérilité complète.

III

DÉMONSTRATION.

Ici la gravité de la matière nous fait un devoir de procéder par citations, pour démontrer que *l'invention* des semis revient à l'abbé Desbiey et non à Brémontier. Le terrain est brûlant : *incedo per ignes.* Mais la vérité avant tout : il est temps que la lumière se fasse pour éclairer ce grand fait historique de la création des semis des dunes, et qu'une trop tardive justice soit enfin rendue à Desbiey au moment où l'on se propose d'élever un beau monument à la gloire de Brémontier.

Avant nous, deux écrivains ont pris la plume, il y a près de vingt ans, pour venger la mémoire de Desbiey. Leurs écrits ont été consignés dans le journal l'*Agriculture* et se trouvent dans la bibliothèque de la ville de Bordeaux.

L'un a pour titre : *Examen de la question relative à la découverte de la fixation des dunes : L'abbé Desbiey et Brémontier*, par L. de Lamothe, secrétaire général de l'Académie de Bordeaux. L'*Agriculture*, t. VIII, 1847.

L'autre est intitulé : *La Vérité sur la fixation des dunes*, C. B. (Charles Bal, ou mieux encore, Grellet-Balguerie). L'*Agriculture*, 1848.

En 1810, l'abbé Desbiey écrivait à M. Thore pour revendiquer ses droits incontestables.

Voilà les trois principales autorités sur lesquelles nous allons appuyer notre démonstration.

Nous l'avons déjà dit : le 25 août 1774, l'abbé Desbiey lut, en présence de l'Académie de Bordeaux, un mémoire sur la fixation des dunes, par les semis de pins, etc.

« *Dupré de Saint-Maur*, intendant de la Guienne, toujours à l'affût des projets d'une réalisation utile pour nos contrées, demanda, en 1784, copie du curieux mémoire de Desbiey. Elle lui fut donnée pour être livrée à l'examen d'un *sous-ingénieur* qui devait faire son rapport sur les moyens indiqués par Desbiey.

C'était là l'*unique* copie qui restait; car, déjà, M. *de la Montagne*, secrétaire perpétuel de l'Académie, avait livré à un homme influent, *le marquis de Montausier*, le mémoire original déposé dans ses archives, pour lui en laisser prendre copie.

Copie et original devaient être remis : ils ne le furent jamais.

On saura pourquoi, si l'on cherche avec nous ce qu'ils sont devenus : c'est ce que de patientes investigations nous ont fait découvrir.

Nanti du travail de Desbiey, M. de Montausier présente une requête au roi, à l'effet d'obtenir concession de priviléges pour fertiliser les sables des dunes, les fixer en les ensemençant, par des procédés qu'il indique. *Ce sont ceux de l'abbé Desbiey!*

» Voilà ce que fit Montausier de l'original de Desbiey; voilà ce que cet *original* est devenu.

» *La copie* eut le même sort entre les mains de ce *sous-ingénieur*, monté depuis en grade : c'était Brémontier!

» Tel est le secret mobile de son insistance, qui le trahit, à faire remonter avant 1784, et même 1774, ses premières études sur la fixation des semis, ce qui est *matériellement* controuvé (1). »

Brémontier lui-même, à son insu, nous en fournit la preuve :

« Vers cette époque (1773), cet ingénieur *(Brémontier)*, étranger à nos contrées *(il était Normand)*, aux vieilles expériences des semis des sables des landes, *repoussait* le projet de creuser un canal de jonction de l'*Adour* à la Leyre, le long

---

(1) *L'Agriculture*, 1848. p. 277.

des dunes, *par la raison*, disait-il, *que ce canal, une fois creusé, serait bientôt progressivement comblé par les sables des dunes, par leur marche et leur envahissement. Or,* ajoutait-il, *comment arrêter ces masses de sables dans leur invasion?*

» Voilà certainement un aveu *péremptoire* et qui prouve que Brémontier ne croyait même pas, avant 1774, à la possibilité d'arrêter et de fixer les dunes par leur plantation (1). »

Mais l'abbé Desbiey croyait, lui, au contraire, à l'utilité des canaux de jonction creusés au pied des dunes. Il a laissé même, sur cette question dont il s'était longtemps occupé, des plans fort curieux : c'est que, instruit par l'expérience et par les vieilles traditions, il croyait à la possibilité de *l'immobilisation* des sables des dunes par leur ensemencement, qu'il avait opéré sur ses propres terres en 1769.

Alors Brémontier n'en avait pas même l'idée.

Cette idée ne naquit et ne germa dans son esprit qu'en 1784, époque mémorable, où l'intendant Dupré de Saint-Maur le fit arriver à Bordeaux en qualité d'ingénieur en chef, et lui confia le *manuscrit* de l'abbé Desbiey, en l'invitant à s'en occuper sérieusement. Brémontier se mit à l'étude, et dans cette même année 1784, il remit à l'administration, comme il l'avoue lui-même, son mémoire sur les dunes. Il venait de le composer. Pourquoi lui donner la date de 1776. En 1776, Brémontier était en Normandie, et ne pensait peut-être pas que plus tard la haute influence de l'intendant *Dupré de Saint-Maur* l'appellerait à Bordeaux avec le titre d'ingénieur en chef de la Guienne.

Voulant à tout prix s'attribuer le mérite de l'invention des semis, Brémontier, dans plusieurs passages de ses écrits, a travaillé à grouper à dessein les dates suivantes que le lecteur appréciera à leur juste valeur.

« Il y a environ vingt-cinq ans, dit-il, que je visitai les dunes pour la première fois. (Ce mémoire est de germinal an V (1796). Donc, cette visite avait lieu vers 1771 ou 1772.)

---

(1) *L'Agriculture*, 1848, p. 277.

J'obtins, en 1787, la permission de faire l'essai des semis. Nos premiers semis furent faits en 1788, et les derniers en 1792 et 1793, sur 4,890 mètres de longueur. Ils occupent environ trois à quatre myriares.... Mon mémoire fut composé en 1776, remis à l'administration en 1784, au département de la Gironde en 1790, au Directoire exécutif en l'an V, et imprimé par ordre et aux frais du Gouvernement, en fructidor an V...» (1)

Pourquoi ne pas avouer que ce mémoire, greffé sur celui de l'abbé Desbiey, qui lui avait été remis par l'intendant *Dupré de Saint-Maur*, fut composé et remis à l'administration en 1784?

» Le plus curieux, c'est que Brémontier eut aussi dans ses mains les *Mémoires et Requêtes* de Montausier, qui avait tenté de dépouiller Desbiey. *L'original et la copie*, tout fut en sa possession.

» Brémontier fit, en 1788, un essai en petit de ces semis sur les possessions des Ruat, qui avaient déjà fait de semblables semis en 1736, etc....

» Brémontier réussit par les procédés de Desbiey.

» *C'en fut assez :* La Révolution arriva, et Brémontier seul eut l'honneur, la gloire et le mérite de cette importante invention.

» *De plus*, les mémoires de Desbiey et de Montausier ont disparu des Archives.

» *L'original a été brûlé* avec les autres mémoires originaux, qu'on a *volontairement* livrés aux flammes, sans aucune distinction, *comme me l'assure le chef de bureau de la Marine, chargé des Archives.*

» Voilà la vérité sur *l'invention*, par Brémontier, des semis de fixation, connus et pratiqués avant lui par les Desbiey...(2)»

« *Sic vos non vobis*, s'écriait douloureusement Desbiey dans
» l'exil et au retour de l'émigration, ne recevant, dit-il, dans
» sa lettre du 30 avril 1810, d'autres nouvelles de ses mé-

---

(1) *L'Agriculture*, t. VIII, année 1847.
(2) *L'Agriculture*, 1848.

» moires soustraits, que par *les avantages qu'en avait su tirer*
» *Brémontier*. Celui-ci n'a jamais prononcé le nom de Des-
» biey (1). »

Mais citons cette lettre adressée à M. Thore, docteur-médecin à Dax, dans laquelle l'abbé Desbiey raconte l'indigne abus de confiance dont il a été l'objet :

« Nos côtes de Gascogne ont éprouvé de grandes révolu-
« tions, dans des temps bien antérieurs au XIIe siècle. J'en
» avais dit quelque chose dans un mémoire que je lus dans
» l'assemblée publique de la ci-devant Académie de Bordeaux,
» du 25 août 1774. Ces recherches étaient intitulées : *Mémoire*
» *sur l'origine des sables de nos côtes*. Les moyens indiqués
» dans mon mémoire n'étaient autres que les semis de pins
» maritimes. Feu mon frère aîné, sous le nom duquel fut
» envoyé au concours de l'Académie le mémoire qui remporta
» le prix en 1776, et moi, avions déjà éprouvé ce moyen sur
» une partie de la dune de *Broque*, dans le quartier de *Sart*,
» de la paroisse de *Saint-Julien en Born*. Notre semis avait
» parfaitement réussi ; mais n'ayant pas assez d'autorité pour
» empêcher les pasteurs de chèvres de conduire leurs trou-
» peaux sur cette dune, les jeunes pins furent broutés dans la
» partie du nord ; et, pour achever la destruction de ce semis,
» l'officier et les soldats qui vinrent relever le détachement
» du régiment *Royal-Vaisseau*, pour empêcher les prétendus
» progrès de l'épizootie, y firent conduire tous les troupeaux
» qui restaient dans cette malheureuse paroisse, lesquels
» achevèrent de détruire ce semis et de fournir aux vents le
» moyen de pousser les sables vers les terres cultivées et une
» partie de l'étang dont les eaux se dégorgent par le canal et
» *boucaud de Contis*. »

« Je pourrai à ce propos m'écrier, comme autrefois Virgile :
» *Sic vos non vobis*. Il est bien certain que mon mémoire, lu
» à l'assemblée publique du 25 août 1774, fut approuvé et
» remis au dépôt des mémoires à conserver, par M. le Secré-

---

1) *L'Agriculture*, 1848.

» taire perpétuel de cette Académie. Il est encore très-certain
» que M. le marquis de Montausier, qui en avait entendu la
» lecture dans l'assemblée publique, fit tant de démarches
» auprès de M. le Directeur, qu'il en obtint l'agrément d'en
» prendre une copie, et que M. de Lamontagne, encore
» existant, et alors secrétaire perpétuel de la ci-devant
» Académie, atteste que M. de Montausier *ne lui a jamais*
» *remis l'exemplaire manuscrit du mémoire qu'il lui avait confié.*
» Enfin il est très-certain que M. Dupré de Saint-Maur me
» pria, en 1784, de lui confier la seule copie originale qui me
» restait de ce mémoire cité au bas de la page 34 de celui qui
» avait été livré à l'impression par ordre de l'Académie, en
» 1776, comme ayant remporté le prix de cette année; que
» M. Dupré de Saint-Maur me dit qu'il me remettrait cet origi-
» nal après en avoir fait prendre une copie par un sous-ingénieur
» des ponts-et-chaussées, nommé *Brémontier*, et que je n'en ai
» plus eu d'autres nouvelles que par les avantages qu'en a su
» retirer ce même M. Brémontier, devenu ingénieur en chef de
» cette même généralité : *Sic vos non vobis, mellificatis apes.* »

» Mais c'est trop longtemps vous ennuyer des détails d'un
» fait qui ne peut plus apporter aucun éclaircissement sur
» celui dont vous cherchez la date précise. Cependant, si ce
» même mémoire sur l'origine des sables de nos côtes eût été
» en mon pouvoir, j'en aurais extrait bien des particularités
» que j'avais puisées dans les actes de Reymer sur l'ancien
» Mimizan et son port sur l'ancien local du bourg de Saint-
» Julien et de son ancienne église appelée : *Parochia Sart,*
» *aliàs San-Julian, et du port de Contis,* auprès duquel ils
» étaient construits avant d'avoir été recouverts par les sables,
» et détruits pour reconstruire l'église actuelle de Saint-Julien
» de Born. Regrets inutiles! les actes de Reymer ne sont plus
» en mon pouvoir, et ma pauvre tête n'est plus en état de
» soutenir à l'application d'esprit nécessaire à de semblables
» recherches.

» Recevez, etc. »

Post-scriptum de la main de l'abbé Desbiey. — « J'ai oublié

» de vous dire, Monsieur, que M. Tassin, secrétaire général
» du département des Landes, ayant eu connaissance du
» mémoire qui remporta le prix de notre ci-devant Académie
» en 1776, et ayant remarqué la note *ad Calcem*, de la page
» 34 de ce mémoire, imprimé au mois d'août de la même
» année 1776, en fut si frappé, qu'il me fit l'honneur de
» m'écrire pour me demander une copie de celui lu à l'assem-
» blée publique du 25 août 1774 sur *l'origine des sables de*
» *nos côtes*, etc.; je lui répondis qu'il n'en existait aucune
» copie ni dans les archives de la ci-devant Académie, ni
» dans mes mains. Cela n'empêcha pas M. Tassin de faire
» part au public de ses réflexions sur cette note non suspecte;
» ce qui offensa doublement M. Brémontier, priva le fils de
» ma sœur, établi sur mon patrimoine à Saint-Julien, d'une
» commission qu'il ambitionnait pour veiller aux semis de pins
» sur partie des dunes de Contis, et donna lieu à... de se
» venger en faisant multiplier les difficultés que j'éprouvais
» pour recevoir une bien mince partie de mon ancienne biblio-
» thèque.

» N'ayant pas reçu lundi dernier la réponse que j'attendais
» de vous à ma lettre, mise à la poste aujourd'hui il y a huit
» jours, j'ai fait tirer une copie de celle-ci pour la faire passer
» à M. Tassin, duquel vous pourriez retirer d'autres rensei-
» gnements relatifs au pays de Born. Pour moins retarder la
» réception de cette trop longue lettre, je prends le parti de
» vous l'adresser par la poste. »

« Si l'imputation de l'abbé Desbiey relative à la soustrac-
tion de son manuscrit était juste, dit M. L. de Lamothe, elle
serait de nature à enlever au caractère de Brémontier une
grande partie de ce cachet de probité dont on a aimé à le re-
vêtir. Mais admettons que cet ingénieur soit étranger à la perte
de ce mémoire; et, quelque grave que soit cette circonstance,
n'y voyons qu'une de ces erreurs involontaires si communes
aux administrations surchargées de volumineux dossiers. Il
n'en résulte pas moins que ce sont les idées exprimées par
l'abbé Desbiey qui ont reçu plus tard leur application dans les

travaux dirigés par Brémontier. Celui-ci comprit la portée de ces idées, et, par le parti qu'il sut en tirer, il se les est appropriées pendant longtemps. Mieux éclairés aujourd'hui par les propres paroles de l'abbé Desbiey, paroles non suspectes au moins en ce qui touche et la nature de ses essais de plantations et la substance de son mémoire, restituons à chacun la part de gloire qui lui revient dans cette conquête pacifique contre un des éléments les plus redoutables de la nature, et associons désormais les noms de l'abbé Desbiey et de Brémontier dans l'hommage de reconnaissance que doivent leur offrir les populations landaises cultivant tranquillement leurs maigres pâturages derrière un rideau de pins qui les abrite contre les invasions des sables marins. Le nom de Brémontier n'aura rien à perdre de cette alliance : Raphaël n'a jamais souffert de la gloire du Pérugin. » (1).

IV

BRÉMONTIER.

Nicolas-Thomas Brémontier, né à *Quevilly*, près Rouen, le 30 juillet 1738, mourut à Paris, le 16 août 1809, à l'âge de soixante et onze ans, avec le grade d'inspecteur général des ponts-et-chaussées. Ce grade, dans un corps si savant, n'est-il pas déjà un beau titre de gloire ?

Brémontier révéla, dès l'enfance, une grande aptitude pour les sciences d'observation. Jeune encore, il entra à l'école des ponts-et-chaussées, sous *Perronnet*. D'éclatants succès lui valurent, à dix-huit ans, la place de professeur de mathématiques et de leurs diverses applications, à l'école d'artillerie de la marine, à Toulon, où il resta quatre ans.

De là, il se rendit à Marseille en qualité d'ingénieur ordinaire. Son caractère conciliant et ses manières prévenantes lui attirèrent de nombreux amis dans la cité phocéenne. Pour concilier les devoirs de l'amitié avec son ardeur pour l'étude,

---

(1) *L'Agriculture*, par M. A. Petit-Lafitte, t. VIII, 1847.

il se condamna à des veilles multipliées, et un excès de travail le conduisit aux portes du tombeau. Abandonné des médecins qui ne connaissaient plus de remède à son mal, il se fit, à l'exemple de *Fontenelle*, son compatriote, un régime particulier qui lui permit de guérir ou au moins de prolonger sa vie jusqu'en 1809.

De Marseille, Brémontier passa à Périgueux et puis à Bordeaux avec le même titre. En 1782, il fut appelé en Bretagne pour travailler au canal de jonction de la Rance, à la Vilaine.

Il venait de payer son tribut de reconnaissance à la province de Normandie, qui lui avait donné le jour, lorsqu'en 1784, sur les instances de son protecteur, l'intendant *Dupré de Saint-Maur*, il fut nommé ingénieur en chef de la Guienne.

L'intendant avait conçu de grand projets, et pour les réaliser il fallait un homme de la trempe de Brémontier.

Brémontier était, en effet, un esprit très-supérieur, d'une activité prodigieuse et d'une persévérance à toute épreuve. Sans cesse il travaillait aux améliorations utiles, comme le prouvent ses nombreux écrits, ses mémoires, sur les moyens de dessécher les marais de Bordeaux et de nettoyer son port; sur les mouvements des ondes; sur l'existence de mines de fer dans le département de la Seine-Inférieure; sur la pépinière royale de Bordeaux; et enfin, principalement sur les dunes, etc., etc.

Accueillant avec transport sa nomination, Brémontier se rendit aussitôt dans la capitale de la Guienne. Ses vœux étaient satisfaits. Il allait opérer des prodiges, éterniser sa mémoire.

Pendant qu'il se livrait à ses études favorites, il reçut l'ordre de se transporter immédiatement à Saint-Jean de Luz. L'Océan menaçait la ville d'une ruine totale. Brémontier arrêta ses progrès et conjura le fléau.

On lui doit l'invention d'une machine, à l'aide de laquelle il réalisa la majeure partie des travaux conservateurs, objet de sa mission.

« C'est à cette époque qu'il faut assigner le commencement des recherches particulières de Brémontier sur *le mouvement des ondes*. Il est du moins permis de croire qu'il commença, dès lors, à jeter les bases de sa théorie sur cette matière si vaste et si intéressante, et qui par son objet semble échapper aux calculs (1). »

Mais c'est aux dunes qu'il faut demander les grands titres de gloire de Brémontier et ses droits à l'immortalité.

Son protecteur, l'intendant Dupré de Saint-Maur, lui remet le manuscrit de l'abbé Desbiey, et lui annonce ses projets importants. Brémontier étudie le manuscrit; il y trouve la solution complète d'un problème qu'il avait jusqu'alors regardé comme insoluble. Évidemment, il est possible d'immobiliser et de fertiliser les dunes. Témoin les essais *de Desbiey* et de tant d'autres. C'est un fait incontestable. Malheureusement, les semis, opérés sur une faible échelle, sont annihilés par l'action incessante de la masse générale des sables. S'ils étaient faits en grand, il n'en serait pas ainsi : et l'on pourrait fixer et fertiliser toute la chaîne des dunes comprise entre la pointe de Grave et l'embouchure de l'Adour. Quoi de plus important! Mais quelles dépenses!

L'État seul (on ne connaissait pas alors, comme aujourd'hui, la merveilleuse puissance de l'association, des compagnies), l'État seul a les fonds suffisants pour réaliser ce projet. *Voilà les principes posés, la théorie développée dans le manuscrit de l'abbé Desbiey.*

Il fallait l'appliquer. Brémontier a résolu de le faire. Ingénieur en chef, protégé par l'intendant et par le parlement, mieux que personne, il est en mesure d'obtenir du Gouvernement les fonds nécessaires pour commencer l'ensemencement des dunes.

C'en est fait, Brémontier ne reculera désormais devant aucune difficulté pour l'accomplissement de ses projets. Après avoir interrogé tous les documents sur la matière, oubliant sa santé délicate, il part, traverse péniblement les landes qui le séparent des dunes, et, avec un zèle infatigable, il par-

---

(1) *Bulletin polymathique*, 1809, p. 596.

court dans toutes les directions, il étudie ces montagnes de sables.

La même année (1784), il adresse à l'administration un mémoire remarquable. Enfin, après mille et mille difficultés, il obtient du Gouvernement, en 1787, les fonds nécessaires pour un premier essai.

Grâces immortelles en soient rendues à Brémontier !

Le principe était adopté ; le grand problème était résolu.

Brémontier fut chargé par l'État de mettre lui-même en pratique les procédés d'ensemencement qu'il avait indiqués. Les premiers travaux eurent lieu, en 1788, dans le voisinage de la Teste, sur les bords du bassin d'Arcachon, et furent couronnés d'un plein succès.

Malheureusement la tourmente révolutionnaire ne permit pas de les continuer. Ils furent suspendus pendant quelques années. Mais Brémontier ne se découragea pas.

Poursuivant son œuvre avec une persévérance au-dessus de tout éloge, il consacra plusieurs années consécutives à des expériences sans nombre, à des recherches longues et difficiles.

Quand la tempête s'apaisa ; quand le calme revint en France, Brémontier fit de nouvelles instances auprès du Gouvernement.

L'homme de génie qui avait compris toutes les grandeurs et appelé au service du pays toutes les capacités, Napoléon Ier, accueillit et honora Brémontier : il fixa sur sa poitrine la noble devise : *Honneur et Patrie*. Il consacra enfin par un décret la continuation de ses travaux d'essais. La Restauration, sur la proposition de M. Lainé, s'associa plus tard à cette œuvre philanthropique, qui avait reçu les premiers encouragements de Louis XVI et qui a trouvé son couronnement sous l'empire de Napoléon III.

L'éternelle gloire de Brémontier, celle qui n'appartient qu'à lui seul, sera d'avoir, dans des temps difficiles, à travers mille difficultés, déterminé l'État à voter les fonds nécessaires pour la fixation et l'ensemencement des dunes, et d'avoir lui-même dirigé les premiers travaux des semis.

Desbiey avait posé le problème; Brémontier l'a résolu dans toute son étendue.

Lorsqu'à l'ombre des beaux arbres toujours verts on parcourt les environs de Mimizan, de la Teste et de Hourtins, on est touché d'un sentiment profond d'admiration et de reconnaissance pour l'homme qui, par sa sagacité et sa persévérance à toute épreuve, a rendu à la culture des lieux déserts, a changé en terre productive, un sol naturellement voyageur et dévastateur.

Au nord des étangs de Lacanau et de Carcans, qui ont plusieurs lieues de longueur, est situé, sur le bord des eaux, le village de Hourtins. Autrefois de vastes forêts faisaient partie de sa richesse territoriale; on y exploitait la résine qui découle des pins maritimes, et telle était l'étendue de ces bois que le chevreuil et le sanglier s'y trouvaient en grand nombre. Ces splendides forêts furent un jour envahies par les sables. A la fin du dernier siècle, à peine quelques arbres pleins de vétusté montraient encore les extrémités noircies de leurs rameaux sur la pente uniformément blanche des dunes. Le village de Hourtins allait être atteint par une masse de dunes de deux lieues d'épaisseur : c'est là que Brémontier jeta les bases de son système de défense, sur la côte elle-même.

Sur les bords de la mer il élève une espèce de digue de bois; elle consiste en des rangs de palissades formées par des piquets et des clayonnages. Ces barrières opposées au vent régnant de l'ouest demandent beaucoup de temps et de dépenses. On est obligé de les exhausser au fur et à mesure que le sable les surmonte : leur action protectrice étant très-bornée, il faut les multiplier à l'infini. Chaque monticule est ainsi couvert de petites haies demi-circulaires, simulant les remparts d'une petite forteresse. Cette précaution prise, Brémontier mêle à la graine de pin une certaine quantité de graines de genêts et d'ajoncs. Ces semences sont répandues sur le sable mobile de la dune : par-dessus on couche des branches d'arbres qui retiennent le sol. Quatre ou cinq ans après, le genêt a grandi de plus d'un mètre, et ses touffes maintiennent le sable. Tandis que la couverture se réduit en poussière, le pin, moins élevé d'abord, prend bientôt le dessus, et, surmontant le genêt, dresse sa tige verticale, vigoureuse, proportionnée à la profondeur et à la force du pivot de la racine qui pénètre, sans obstacles et perpendiculairement, jusqu'à cinq ou six mètres dans le sable.

Sur le bord de l'Océan, lorsque le vent trop vif ou trop salé brûle tous les végétaux ligneux, une plante donnée par la nature est devenue pour Brémontier un moyen de fixation. C'est le gourbet (*arundo arenaria*) qui a une prédilection particulière pour le voisinage de la mer, et ne se laisse jamais dominer par les sables.

Voilà les essais de Brémontier. Les montagnes qui menacent le village de Hourtins sont arrêtées; elles se montrent verdoyantes, les cabanes se multiplient, une colonie est fondée : c'est celle du *Flamand*.

L'œuvre de Brémontier la plus mémorable peut-être fut la conservation de l'église de *Mimizan*. Autrefois ville importante, Mimizan avait un port considérable et s'était développé au moyen âge, par la fondation d'une maison religieuse. Cette ville avait disparu sous les sables, qui l'avaient littéralement *traversée;* une dune menaçait l'église : déjà le portail était envahi et fermé aux habitants réfugiés dans les forêts de l'intérieur. Il avait fallu abattre la façade de l'édifice et la reculer de plusieurs pieds pour rétablir le service du culte. On comptait le nombre de mois, de jours, au bout desquels le sanctuaire serait surmonté par les sables, comme l'ont été la ville et l'église de Soulac.

Brémontier arrive comme un sauveur. Il obtient du Gouvernement quelques secours. Il rallie et console la population dispersée, lui communique sa confiance : elle se met à l'œuvre sous sa direction. Des palissades en branches clayonnées, des semis d'arbres verts couvrent et fixent la dune. Désormais l'effort des vents est contenu, l'église est conservée, le prêtre n'a jamais abandonné sa demeure, et sa foi est justifiée par le prodige dû à notre ingénieur. Bientôt la sécurité des anciens habitants est telle qu'on les voit élever, au pied même de la dune, de vastes édifices. Ils viennent repeupler un désert, et se mettent sous la protection du monticule qui avait englouti sur son passage une ville entière.

Le succès de Brémontier à Mimizan s'est reproduit à la Teste, qui voyait s'avancer une chaîne tout entière de dunes et ne pouvait fuir un péril inévitable. Aujourd'hui, de belles forêts s'offrent aux regards satisfaits des Testereins et des Arcachonnais. Les bourgs de Cazeaux, de Lège, de Lacanau, de Hourtins, ne sont plus menacés de la submersion par l'irruption des canaux qui se déversent dans le magnifique bassin d'Arcachon.

A la pointe de *Grave* une ville avait été anéantie.

L'église de l'ancien Soulac, que le génie de S. Ém. le Cardinal-Archevêque de Bordeaux, secondé par un prêtre intelligent et infatigable, a si merveilleusement ressuscitée de nos jours, avait trouvé son tombeau sous les dunes. Puis ses voûtes découvertes par la marche des montagnes sablonneuses qui roulent comme de grandes ondes, avaient laissé poindre leurs ogives. Ce spectacle était horrible pour les habitants du *Verdon*. Le même sort allait les frapper, lorsque Brémontier vint à leur secours. Le *Verdon* est sauvé; de riches plaines couvertes de céréales, des marais salants d'un grand produit, des bois, des vignobles précieux, sont mis en sûreté.

Tels sont les principaux services rendus par Brémontier lui-même. Les bornes de cette notice nous obligent à supprimer une foule de détails intéressants. Arrivons à des idées d'ensemble :

Grâce à l'impulsion extraordinaire donnée par Brémontier, les dunes sont presque partout immobilisées dans le golfe de Gascogne. Les habitants des landes n'ont plus à redouter les envahissements des étangs, de la mer et des sables.

Le génie a fécondé le désert. Une immense et épaisse forêt, toujours verte, protège et rafraîchit des sables autrefois arides et brûlants et neutralise l'impétuosité des vents.

Grâce à Brémontier, l'ensemencement des dunes n'est pas une de ces opérations où les fonds de l'État vont se perdre dans le seul but de défendre un pays constamment attaqué par un ennemi redoutable.

C'est, au point de vue financier, une source de grands revenus pour l'État. Les bénéfices sont énormes. Le revenu de la résine, sans parler des autres, doit s'élever à plus de 30 pour 100 des capitaux déboursés. Les semis des dunes sont une mine d'or pour le Gouvernement. Quelques milliers de francs rapportent aujourd'hui des millions. Brémontier l'avait prévu.

Aussi, en mourant à Paris, à l'âge de soixante et onze ans, avec le grade d'inspecteur général des ponts-et-chaussées, répétait-il à ces derniers moments, qu'il recommandait surtout à ses successeurs :

La fixation des Dunes.

Pour éterniser sa mémoire, l'État a élevé, en 1818, sur la lisière des forêts de Brémontier, non loin de La Teste, un monument sur lequel il a fait graver cette inscription :

L'AN MDCCLXXXVI,
SOUS
LES AUSPICES DE LOUIS XVI,
N^{LAS} BRÉMONTIER,
INSPECTEUR GÉNÉRAL DES PONTS-ET-CHAUSSÉES.
FIXA LE PREMIER LES DUNES
ET LES COUVRIT DE FORÊTS.
EN MÉMOIRE DU BIENFAIT,
LOUIS XVIII,
CONTINUANT LES TRAVAUX DE SON FRÈRE,
ÉLEVA CE MONUMENT.

———

ANT^E LAINÉ,
MINISTRE DE L'INTÉRIEUR,
CAM^{LE}, COMTE DE TOURNON,
PRÉFET DE LA GIRONDE.
MDCCCXVIII.

Nous nous associons à cet acte de reconnaissance. Nous le voudrions encore plus solennel. Le cippe en marbre rouge qui porte cette inscrition est trop modeste. Nous faisons des vœux pour qu'un véritable monument soit élevé au sein de nos forêts, à la mémoire de Brémontier. Il fut un bienfaiteur de nos contrées, et un grand bienfaiteur.

Gloire à Brémontier !

Mais aussi : Gloire à Desbiey. Gravons sur le marbre ou sur l'airain les noms de ces deux insignes bienfaiteurs de l'humanité. La vérité, la justice et la reconnaissance, ne permettent plus de les séparer.

Ils doivent aller ensemble à la postérité.

FIN.

porte
pour
forêt
nos
G
M
l'air
nité
plus
Il

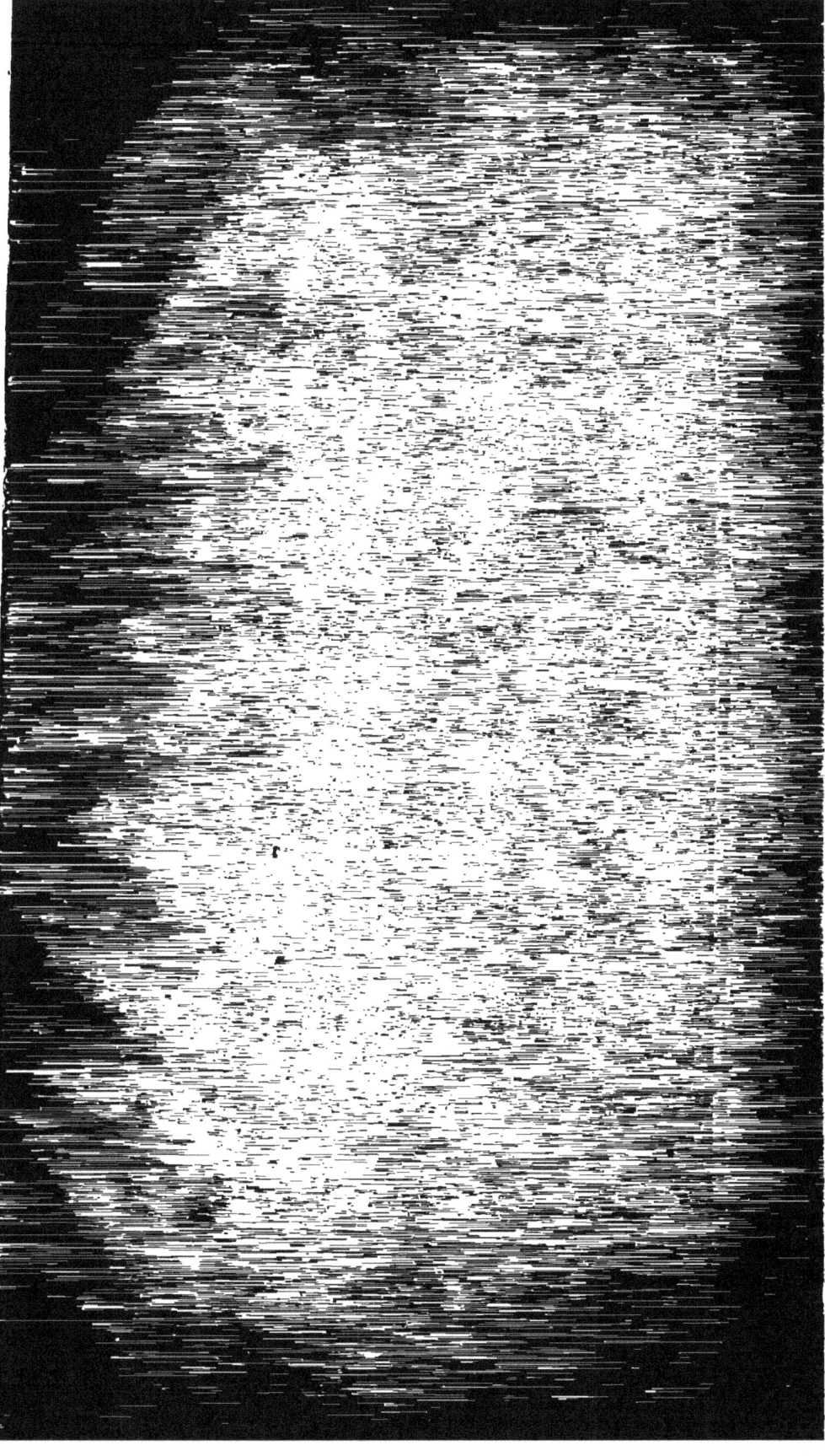

OUVRAGES DU MÊME AUTEUR

LES DUNES, OU SYLVA MARIA

DEUXIÈME ÉDITION

LES HUITRES

TROISIÈME ÉDITION

PÈLERINAGE DE N.-D. D'ARCACHON

Bordeaux, Imp. de J. Delmas.

www.ingramcontent.com/pod-product-compliance
Lightning Source LLC
Chambersburg PA
CBHW060500050426
42451CB00009B/739